U0027672

躺平，是我的權利

貓和狗的 療心話

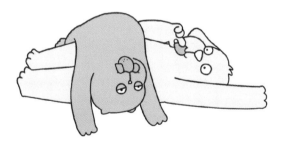

簡單心理 著

Chapter **1** 「躺平」的哲學

記得捍衛自己做「廢物」的權利

Chapter **2** 修復的哲學

有些傷口需要慢慢癒合

Chapter **3**　療癒的哲學
有些時候，「喪」會成為人生常態

Chapter 4 自由的哲學
學會愛上自己的選擇

走，該動動了。 嗯。

1、2 3、4 5、6 7，嗝⋯⋯

「躺平」的哲學

記得捍衛自己做「廢物」的權利

別催，催就是「被動廢」

你不是說今天開始跑步嗎，怎麼還不去？

你，往這看，看到這隻腳了沒？它本來會在3分鐘後，出現在隔壁運動場的PU跑道上。

但現在，它即將被我收回來。

你在說什麼？

意思就是我剛剛下定決心，準備好出門跑步，你這一催，我瞬間不想去了。

……

反正我不想去了，都怪你。

我現在就是
「被動廢」
本廢。

這個詞有點酷,
什麼意思?

就是說,本來我很樂意主動
去做的事情,你一催,就使
我出現從身體到心靈全方
位、多層次的抗拒。

一催就廢,越催越廢。
是我自己想跑步,所以
才去跑,而不是因為你
催我去跑,我才去跑,
明白嗎?

氣死我了,
我自己明明
能做好,你
非要多管閒
事。

我懂了,確實
怪我,我好像
把你美好積極
的主動變成了
帶有控制性質
的被動。

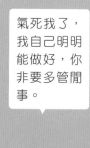

唔,主動決定做一件事,本來是充滿期待和成就感的。當你自己決定要減肥、做好減肥和運動規劃,並且主動去執行時,那是一種自我實現的快感。

聽不懂。

說得沒錯,我很享受自己安排自己的生活。

可一被人催,這感覺就變了。

主觀能動變成客觀被動了。你剛才是不是感覺自我滿足感瞬間消失了?

原本你自己能獨立取得的成績,被別人一催,反而變成了別人催促的結果。這就很不酷,而且毫無成就感。

15

本來挺樂意去做的事，一被催就不想幹了，這就是日常生活中的「被動廢」。

「被動廢」是一種抗拒狀態。下定決心開始減肥、運動，並為此制訂了相應的計畫，我們因為自己的「主動」收穫了自我實現的滿足感；然而，別人的一句催促會在無意間打破這一切，明明是「我主動安排的」，現在變成了「被動要做的」，積極性沒有了，只會「越催越廢」。

所以，別催了！如果實在管不住嘴，不妨就說一句「加油」吧。

一定要捍衛自己做「廢物」的權利

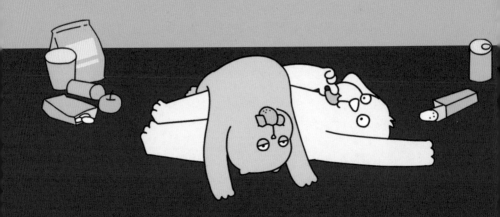

舒服嗎？

還行吧。

只是還行？

宏觀來看，確實只感到一些很微小的舒服，所以是還行。

能分享一下嗎？

嗯……比如早上11點醒來，並用2倍速看完了一部韓劇，再把一檔綜藝節目追到最新一集。

其間簡單地吃了一點東西。

簡單地？

你似乎對自己驕奢淫逸的生活狀態缺乏一絲絲清晰的認識。

你這麼說，我就要開始反駁了。

就像白天不懂夜的黑，你也沒懂我的心，我的內心其實一直在狂吼。

放開我！我要起來！我要學習！我要進步！我不能繼續浪費時間了！

好吧，確實沒什麼說服力。但事實上我內心真的很焦慮。

……

胸口、脖頸、後腦勺都像有一隻小爪子在撓撓撓……這是一種緊張卻又無能為力的痛苦。明明想當一天「廢物」，卻又不能心安理得。

了解了，顯然，你對「廢物」的理解還不太合格，「廢物精神」的本質在於總能適時地自我放棄。

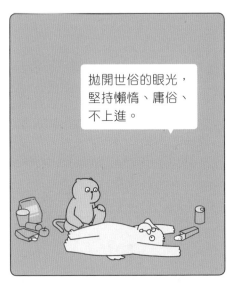

拋開世俗的眼光，堅持懶惰、庸俗、不上進。

聽起來真是非常消極的虛無主義了。

關鍵在於，他們還能深愛著這樣的自己。

很龐克。

你這樣會被龐克揍的。

我錯了，你繼續。

主要就是接納那個「廢物」的自己。一個深愛自己、接納自己的人，內心總少不了自我提升和探索世界的熱情。

非常辯證，意思是短暫當個「廢物」，有利於未來不當「廢物」？

沒錯，敢於當一個「短期廢物」的勇氣，往往能給人巨大的進步空間，避免成為一個「長期廢物」。

所以，要捍衛自己做「廢物」的權利。

很多人都沒有意識到，在遭遇自己無法解決的困難時，你有一個選項是「後退一步」：允許自己暫時停止向前的腳步，成為一個短暫的「廢物」。

所謂「做短期廢物」，其實是讓我們學會「自我接納」。「自我接納」指的是人們在理解自身或他人的優缺點的前提下，依然能對完整的自己感到滿意——「儘管我與眾不同或是有缺陷，但我依然認可自己」。

善於自我接納的人心理壓力更小，較少感到痛苦，會更全面地看待自己和他人，也會對自己的各種特質更滿意。在與他人的交往中，也不會害怕別人看到真實的自己，不會為了維持他人心中自己的美好形象而掩蓋、否定自己的一部分。

請你記得，永遠不要覺得「只要我不斷苛責和否定，我就可以改變」。責怪自己往往無法為自己帶來真正的改變，反而會增加無力感和焦慮感，帶來更多負面的情緒。

心情很「喪」的時候，
就要乖乖地「喪」下去

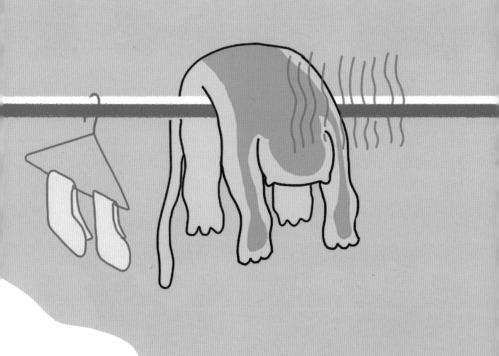

你跑來跑去忙什麼呢？

一些堆積的學習和工作任務。

嘖嘖，勤奮。

其實我也有很多工作要做。

但我現在能量不足，精神低落，只想拖延和癱著。

優秀。

你又諷刺我。

不不不，我是真的羨慕你這種狀態。

你不會透支自己的身體和情緒啊！

我最近陷入「越是能量不足，越強迫自己興奮」的狀態，比如故意大笑和逼自己跑來跑去。

就像剛才那樣？ 對。

那不是很好嗎？能強行把自己調整成興奮狀態很厲害，我從來都做不到。

其實就是不斷提醒自己要興奮、興奮、興奮，然後假裝笑和激動，身體真的就相信了。

周圍的人也會問我怎麼這麼高興。其實越不高興，我反而笑得越大聲，這也許是種防禦。

啊⋯⋯其實狀態真的很差，身體很疲憊，感覺自己需要一點時間放空，但是理智不允許。

我覺得你是個「狼人」，不對，「狼狗」。

但我最近覺得這樣並不好。

形成了習慣，我越來越感覺自己像罩了個玻璃罩，已經不知道應該怎麼生氣了。

真的遇到特別強烈的悲傷情緒時，比如上週的撿球大賽我慘遭墊底，我甚至不知道該怎麼應對。

所以我說我很羨慕你。

敢於直視、接受自己的負面情緒，從生理到心理都能過得輕鬆一點。

雖然我聽不太懂……但我還是希望你可以過得輕鬆一點。

我確實生理上很輕鬆。

每天一個心理學罐頭

身體透支的時候，我們會停下來休息，而情緒耗竭的時候，我們卻常常逼迫自己「興奮一點」。

事實上，情緒是用來幫助我們適應環境的，當一個人出現「情緒耗竭」時，說明他由於過度使用心理和情緒資源已經產生了疲憊狀態，沮喪、緊張和易怒是內心在向我們提出抗議。在這種情況下，繼續強迫自己進入並保持不適宜的興奮狀態，只會讓生活更加糟糕。

如果「喪」，就乖乖地「喪」一會兒吧！人生路遠，我們要學會等待電量充滿。

在快節奏的社會，憂鬱、焦慮、孤獨可能才是生活的常態。
掃描 QR Code 做個「情緒評估測試」。
（本書測試由簡單心理提供）

人生短暫，多花點時間吃飯

對於吃飯這件事，我一向很認真。不要以為這只是一盒簡單的壽司。

要知道，每吃下一口，都在花費自己生命的時間。為何不讓這時間花得更有價值呢？

吃進肚子，它就會成為我們身體的一部分，必須認真對待。

嘖嘖，看看這塊鮭魚，雖然絕非上等品，但依然有誘人的品質。

不行了，我需要馬上幫它完成自己的使命。

嗚嗚嗚嗚，肥嫩，還有很多汁。

你說，如果吃完一頓飯，長了一肚子肥肉，卻不去細細體會這美妙的滋味……

那跟人類有什麼區別！

世界上最糟糕的體驗，就是吃完飯擦完嘴，再思索一下，發現已經忘記了剛吃過的味道。

這是一種不可逆的悔恨，唯物主義和相對論會讓你明白，在餘下的漫長生命中，再也不可能重現和剛剛完全一樣的體驗。

即使從更狹義的角度來看，這也是對食物的辜負……甚至不能值回飯錢。

嗚嗚嗚嗚，如果一頓飯價值50塊，負責填飽肚子的部分最多也就值10塊，剩下40塊，都是為美味和體驗買單。

享受生活第一步，就應該從拒絕把食物看作果腹的工具開始。這就和租房一個道理。

如果租了房卻只知道躺在床上睡覺，房租不就白花了嗎！

海苔看起來也很棒。

鹹度剛剛好，油脂的味道也很足，飽滿而濃烈。口感差了點，畢竟是外送。

嗚嗚嗚，但它依然是讓人幸福的美食啊！身為高等動物，我們和低等動物的區別就在於我們懂得品嘗食物的滋味。放棄這個能力，就等於放棄了高等動物的優勢。

如果「貓生」只剩下一個堅持，那我選擇堅持對每一份食物保持熱烈和深情。

即使只是一頓簡餐。

幸福！

每天一個心理學罐頭

對每一份食物保持熱情，是「幹飯人」對幸福的「品味」。

「品味」這個詞，指的是一個人對周圍積極事物的主動注意，它使我們收穫更多的快樂和幸福感。比如，食物的香氣，每一口咀嚼、品嘗到的滋味，吃完後意猶未盡的滿足感。食物千變萬化，不變的是我們享受生活的心意。

多花點時間享受美食吧，為了「品味」而吃。不要僅為了果腹而草草了事，錯失了本來能體驗到的美好。

請你不要活得那麼慌張

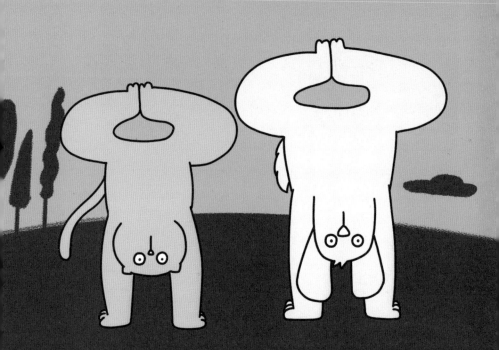

1373，1374，
1375，1376……

我想貓這種生物大概天生不能接受無聊，需要時時刻刻保持身體忙碌或者思維忙碌。

你試過自己跟自己下棋嗎？每一方都帶著必勝的決心，深思熟慮後帶著覺悟落子。

有時為了贏，不可避免地悔悔棋，順帶跟自己吵個架。

挺好！

還有一次，我忽然覺得無事可做了。明明雙手捧著手機，我卻不知道該打開哪個 App，突然迷惘。

你懂嗎？就是大拇指忽然懸在空中，無處安放的狀態。當你明明捧著一部手機，卻又什麼都做不了時，它就成了一部薛丁格的手機。

所以？然後你怎麼做了？

然後我打開了通訊軟體，從一堆好友裡挑了幾個名字難聽的陌生人刪掉了。

嘖嘖，「無聊」的犧牲品。

一些無關緊要的犧牲品。為了應對無聊，我還在練習摺衣服，把當季過季的都翻出來摺，然後再弄亂，再重新摺，再弄亂，再摺。

簡單的、機械化重複的過程，卻總能給那段時間的我一些說不清的東西。

你試過坐一班沒坐過的公車，只為看風景嗎？

沒有，聽起來太「文青」了。

我也沒有，但這個打發無聊的方式聽著挺浪漫，下次無聊的時候去試試，一起嗎？

沒興趣，我無聊的時候更傾向於什麼都不做。

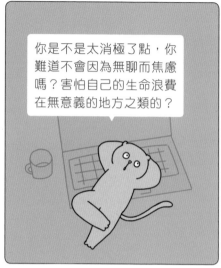

你是不是太消極了點，你難道不會因為無聊而焦慮嗎？害怕自己的生命浪費在無意義的地方之類的？

但我不希望總是活得那麼慌張。又沒人規定說，一輩子不可以分一些時間用來無聊。

也對。

每天一個心理學罐頭

　　人在無聊的時候總想做點什麼，卻找不到某件明確的事，這種無所事事的焦慮感，其實來自我們對無聊的害怕。

　　無聊本身不是問題，問題在於我們將無聊當作「人生的威脅」，似乎只有保持忙碌、充分利用每一秒才是有意義的人生，但人生的意義又由誰來定義呢？分一些時間用來無聊又有何不可？

　　願你更寬容地對待人生的無聊時刻，人生很長，不必為了這一分鐘焦慮。

人一努力，就容易間歇性失憶

會不會是阿茲海默症前兆？

阿茲什麼？

阿茲海默。

什麼海默？

……

開個玩笑。

是真的不對勁。今早醒來，我從床上爬起來走到客廳，忽然就不知道出來是要做什麼了。

我就站在房間中間迷茫，就像站在宇宙中心呼喚愛。

然後呢，想起來了沒？

沒，大概是想喝水，不過我已經接受自己習慣性失憶的事實，不再掙扎了。

這種失憶只能說明你生活太努力了。

大哥，你安慰我的方式越來越玄學了，這也能看出我努力？

注意力就像一種資源，資源都是有限的，這能保證你專注於重要的事情。重要的事情太多，喝水這種小事就顯得卑微且渺小，這不是失憶，這代表你是能幹大事的貓。

相信你了，我把剛買的這堆核桃芝麻糊退掉。

啊！天！我舔毛大賽的報名費忘記付款了！

我就是失憶症，你不要再勸了！！什麼注意力資源，純屬瞎扯，我需要醫生，我要去精神科！

你這麼想參加這個比賽嗎？

當然！我爸媽都是舔毛大師，牠們一直期待我繼承天賦！

那我覺得，你這種失憶很可能是故意的。

很多事情如果我們不喜歡，又不懂得拒絕，潛意識就可能會選擇把它忘記。這是一種無聲的反抗方式。你想想看，當發現自己忘記報名的時候，你是不是也有種如釋重負的快感？

我，不否認。

我們每天面對這麼多資訊，早已超出大腦的承受範圍，短暫失憶只是一種生物本能，一種自我保護機制。

所以你今天約我出來，是幹什麼來著？

忘了。

理由不重要，出來才重要。

每天一個心理學罐頭

　　有時候拚命想一件事，卻怎麼也想不起來，別擔心，這種「間歇性失憶」其實是注意力在作祟。

　　我們的注意力資源是有限的，它會對我們大腦的所有資訊進行層層篩選，以幫助我們專注於當下最重要的事。因此，當我們開始「拚命」回想時，注意力便會集中於「拚命」這件事情本身，而將我們要回憶的事情擠出去。

　　「跟你說件事……唉，我要說什麼？」想不起來就別想啦，這或許說明，忘記了的事情對你而言並沒有那麼重要。

有人找你幫忙的時候
一定得提高警惕

鏟屎官今天下午很暴躁。

她收到兩則訊息後就開始嘟嘟噥噥。

「說的是人話嗎？知道我忙還讓我務必幫忙，還『打擾了，不好意思』，真不好意思就別說出來啊」之類的話。她一邊罵一邊按鍵盤，我都不敢進去。

她一定是陷入消極禮貌的手段了。

什麼玩意？

就是那種語氣委婉、彬彬有禮，乍聽之下很善解人意、給對方充足的餘地，但根本目的還是想讓別人幫助自己達成某種目的的說話方式。

？

比如希望我幫你買個罐頭，你會怎麼說？

你給我買個罐頭吧。

不給。

你這就讓我很沒有面子。

這種時候你希望我能幫你的忙，是不是就得想想其他策略？

55

「我知道你現在很忙，但你可以回來時順路幫我買個罐頭嗎？」這種顯得善解人意的表達，可能更容易被答應。

嗯……「我本來不想麻煩你的，也知道你現在很忙，你可以回來時順路幫我買個罐頭嗎？」善解人意的同時表明自己的猶豫能再增加一些機率。

「我本來不想麻煩你的，也知道你現在很忙，但是我實在沒辦法了，看在我是你最好的朋友的分上，你可以回來時順路幫我買個罐頭嗎？」

善解人意+猶豫+無奈中透著歉意，對方心軟一點鐵定無法拒絕。

啊呸！怪不得鏟屎官那麼生氣，用最委婉的方式，提最嚴厲的要求，還讓人不忍心拒絕。

什麼狗屁消極禮貌，都是手段。

怎麼還動手了？確實是有點手段在裡面，但也不全是壞的。

大多數時候我們跟別人交流都是為了某種目的，我們有三個選擇：直接說、委婉說、不說。消極禮貌有時也是一種折衷方式。

不是方式招人討厭，說話人動機裡有脅迫別人的意味才是讓人討厭的。

也有點道理，可是我還是更喜歡有話直說。

當然可以。

比如,你幫我買個罐頭吧,可以拒絕。

好的,我拒絕。

因為我帶了。

每天一個心理學罐頭

有時候，面對「弱小、無助又可憐」的求助，你是不是也難以拒絕？其實，這是對方在使用一種叫做「消極禮貌」的求助話術。

他們善解人意，總是站在你的角度思考問題，提出請求的那個瞬間似乎有些猶豫，甚至還帶著真誠的歉意。一旦心軟下來，你一定無法拒絕他們提出的任何請求。

這樣看來不免有些手段，但消極禮貌確實是社交的折衷之舉，相比於直說和不說，它給我們提供了一種合理的溝通方式。

只不過，需要警惕的是，如果對方的動機中處處透露著「脅迫」的意味，那你就一定要狠下心來！

可是我真的不喜歡啊

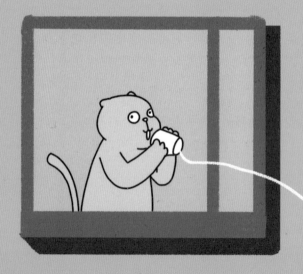

酪梨真的很好吃，加點醬油，味道就和鮭魚一樣了，你吃一口。

還是算了。

為什麼呢？酪梨好吃，而且很健康。

我知道。

現在很流行吃酪梨的，很多模特兒都把它放到減肥食譜裡。

我也在網路上看到很多人愛吃，只不過我不想吃。

聽說酪梨還富含維生素。

唉，你就吃一口，又不會死。

那真不錯。

單吃可能有點難以接受，但是加了小魚乾真的很好吃，你試試嘛。

當然不會死，我只是不喜歡吃而已。

小魚乾還可以，但加了酪梨我就不想吃了。

我只是想讓你吃一口酪梨，有這麼難嗎？

我只是不愛吃酪梨，有這麼奇怪嗎？

我只是想跟你分享快樂，想給你推薦好吃的東西。

我懂，但是我不喜歡吃，你為什麼這麼堅持？

你沒有嘗試過，我只是想讓你嘗試一下。

但我不想嘗試。

你相信我，我們什麼關係，我還會害你嗎？

我們關係很好，但和我不愛吃酪梨沒關係。

我們都喜歡吃開心脆，說明我們口味差不多。

這是兩碼事。

你就當作為了我，吃一口好嗎？

我知道自己要做什麼，不管跟別人要求的是否一樣，我都不會因此改變。這是足夠堅定的人才敢做的表達。

關於「真實自我」的研究中有一個很重要的概念：自我一致性，指的是個體行為與其態度、信仰、價值觀等方面的符合程度（鍾曼 - 塞雷諾和利瑞〔Jongman-Sereno & Leary〕，2019）。一個人能夠做自己認為是對的、好的事情，按照自己的價值觀不違心地生活，是「做自己」的一個重要的部分。

當外界的標準跟內心的標準發生衝突時，努力按照個人價值觀行事，是非常勇敢的事！

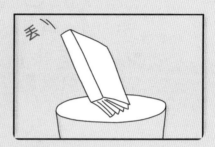

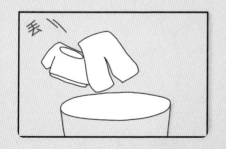

Chapter 2

修復的哲學

有些傷口需要慢慢癒合

你失敗了我也愛你

看什麼呢？

嘘，小聲點，這家的小男孩又又又考砸了，正在哭呢。

噴噴，才10歲就承受如此沉重的壓力。

我已經觀察他很久了。我無比確信，他早已對考試產生生理上的恐懼、厭倦、排斥，並認為這是條一眼就能望到底的失敗之路。

但他爸媽一直在安慰他，說：「沒事，下次會考好的，我們相信你。」

幸好他還能得到家人的安慰，希望他不要太消極。

事實並非如此。

顯而易見，男孩並沒有因為爸媽的安慰而開心一點。爸媽離開後，他就把頭埋在被子裡發抖，或者坐在床邊發呆。

我已經能聽到男孩心裡的吶喊了——「可是我不相信我自己啊，求求你們別相信我了，我真的考不好，我不行啊。」

你聽到了？

我相信他是這麼想的。

聽起來，男孩這種狀態，是一種經歷過漫長且重複的失敗後形成的習得性無助。

你又說些名詞，什麼意思？

那是一種無論如何努力也不會有進展的絕望，導致極度不信任自己，任現實擺布、放棄，甚至逃避再次嘗試。

我覺得很準確。

如此看來，他爸媽那句「我們相信你」就有很嚴重的問題。

「我相信你」是一句萬用型鼓勵，一句不需要思考就能脫口而出的、充滿敷衍意味的鼓勵。

他大概根本不認為父母真的相信他，因為他感受不到父母對他內心焦慮、恐懼和無助的理解和關心。

我甚至覺得，「我相信你」還蘊含著一份期望，期待男孩下一次能考好。

這確實非常可怕。習得性無助的人對「繼續嘗試」會產生極其強烈的排斥和恐懼，這句話實際上在給男孩施加更大的壓力。

以我自己的經驗來說，屢次失敗之後，我最想聽到的不是加油，不是「我相信你」，而是「你可以放棄」，我希望有人給我一個出口，允許我停止無謂的掙扎。

這也會讓你覺得自己真的得到理解了。

是的，「我相信你」遠遠沒有「你失敗了我也愛你」更有意義。

好可憐哦，他還在哭。

你說，我現在溜進去讓他摸一摸，他會不會心情好一點？

每天一個心理學罐頭

「我真的不行」這句話的背後，隱藏著我們的「習得性無助」。這是一種在漫長且重複的失敗經歷中，始終無法擁有「獲勝感」的狀態，它伴隨著極度的不自信，甚至是自卑。

處於「習得性無助」中的人，他們不相信自己能成功。聽到「我相信你」這樣的鼓勵話語後，可能會為了滿足他人的期望而繼續嘗試，但重複的經驗又會使他們產生強烈的恐懼和排斥，從而加重了這種「習得性無助」。

接納他們的無助和失敗吧。用「失敗了我也愛你」來取代「我相信你能成功」，這是對他們而言更有意義的陪伴。

拚命跑却跑偏了賽道

喵喵，喵喵喵！

你不懂，人類中的「好學生」就是這樣，把有限的精力最大限度地投入無限的學習中。

無法理解，學習還能比吃飯重要？

對他來說顯然是的，我見過他吃飯的樣子，全程面無表情，沉默地咀嚼。

不行，我要去教育教育他，這個錯誤觀念必須改。

算了吧，你去也沒用。他要準備考試，這次他爸媽要求他必須考上指標學校呢。

他爸媽超嚴格的，上次還指著他鼻子喊：「別人都能做到，你怎麼就不能？」

為什麼別人能做到的事，他就也能做到？

他跟別人又不一樣。

你抓到重點了。

所以人類這一點就很奇怪，他們總想「像別人一樣成功」。

明明每個人都有著不同的性格、不同的成長環境、不同的興趣愛好，但好像所有人都在走向同一個目的地。

離譜啊，這就是只花10分鐘吃飯的原因嗎？

我覺得認真吃一條小魚乾，並且描述出小魚乾的味道有多麼美妙，就很幸福了。

哪有什麼「共同的目的地」。

是啊，就像爬山，有人想爬到山頂看日出，但不意味著所有人都覺得山頂的日出是最美的。

說不定在半山腰，你就能找到自己喜歡的一棵樹。

付出巨大努力前往一個別人的目的地，聽起來就很不快樂。

不是所有人的終點都在山頂。

每天一個心理學罐頭

　　總想「像別人一樣成功」，也許並不是「上進」，而是一種恐懼：恐懼被落下。

　　成功的方式這麼多，人們卻總是想複製同一個成功範本；人與人之間千差萬別，卻無視每一種成功與個體的適配性。盲目地追求單一的所謂成功，就好像讓籃球運動員與長跑運動員比誰跑得快。追求成功的過程就如同攀登高山，有人渴望山頂的日出，但也有人偏愛山間的翠柏。

　　你大可不必跟風奔跑。你人生的目的地，也許未必在山頂。

操控一個人最好的方法
是什麼呢？愧疚

你的鏟屎官又跟她媽媽吵架了？這個月我都碰見第四次了。

唉，操心，她媽媽太厲害了，一天能變著花樣批評她幾十次。

那還好，我每天也能被鏟屎官罵幾十次。

不一樣，不一樣，她媽媽說話總是拐彎抹角的。

「我為了讓你吃點好的，提著幾個大箱子專門跑來北京，天天早起幫你做飯，我容易嗎？」

「還不都是心疼你，你看看你既不努力也不聽話，就知道睡覺、畫畫、玩手機，還天天抱隻破貓。」

我就是那隻破貓。

嘖嘖，你的鏟屎官什麼反應？

我總覺得她很矛盾，快30歲的人了，明明有自己的規劃，卻每天都被家人說三道四。

但媽媽這麼辛苦，她又不忍心拒絕和反抗，就只能逼自己按照媽媽的意思，去投不喜歡的工作履歷，去見自己不喜歡的人。

聽明白了，典型的愧疚誘導。

什麼，她被她媽媽誘導了？

是啊，很多人都擅長這種手段，透過讓別人感到愧疚，達到自己的目的。

先展示自己的痛苦和脆弱，引發別人的同情，緊接著話題一轉，在言語或者心理上，直接將自己的痛苦歸結為對方的錯。

就像「我默默地付出了這麼多，受了多少苦，你還不理解我，還要反抗我，你真是讓我太心痛了」。

被誘導者就懵了，雖然心裡覺得自己沒做錯什麼，但又好像產生了一些莫名其妙的愧疚感。

結果還要主動道歉，就像你家鏟屎官，最後糊裡糊塗的還要聽她媽媽的。

這個過程描述得簡直精準，回想一下，最近家裡每天都在上演類似的對話。

大概是因為有效吧。已經不知不覺成為媽媽的行為模式了。

愧疚誘導對親密關係的傷害通常不是一場暴風雨，而更像是一場蟻災，它慢慢地侵蝕著關係中的信任和包容，直到關係的堤壩潰爛。

感覺鏟屎官最近超級疲憊。

她需要一些提醒，在下次感到愧疚之前，要先分辨清楚究竟是不是自己的錯。

如果不是自己的錯，認錯只會讓別人更習慣用愧疚控制她。那樣，她的生活就會變成無限循環的愧疚和贖罪。

生活本不需要如此的。

每天一個心理學罐頭

日常生活中的情緒勒索，往往發生在不經意間。

情緒勒索者會釋放出濃厚的迷霧來掩蓋他們的行為，最常見的迷霧就是「愧疚」。他們將自己的痛苦與你的行為連結起來，讓你產生要為其負責的愧疚感，從而把他們對你的要求，轉換成你應盡的義務。

如果你在關係中總是因為愧疚而妥協，請一定提高警惕：有些痛苦對方需要自己解決，而不是由你全權負責。

有些傷口只能慢慢癒合

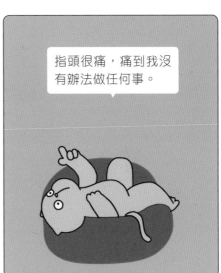

我前爪的指頭裡扎了一根刺。

指頭很痛，痛到我沒有辦法做任何事。

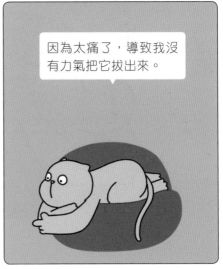

一天、兩天、三天……

因為太痛了，導致我沒有力氣把它拔出來。

我想啊，就這樣吧，就算它更嚴重也就先這樣吧。

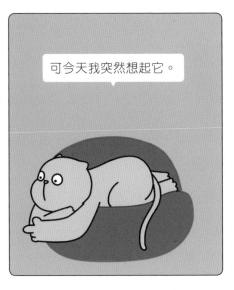

可今天我突然想起它。

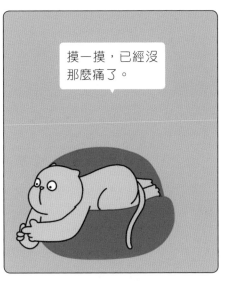

摸一摸，已經沒那麼痛了。

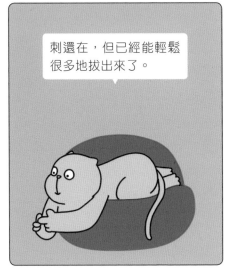

刺還在，但已經能輕鬆很多地拔出來了。

所以我想，生活就慢慢來吧，雖然總有一些事情讓我們疼痛難忍，但終究會好起來的。

每天一個心理學罐頭

我們這一生難免經歷創傷，而應對創傷的一種良好方式就是「活在當下」。

「活在當下」，可以用心理諮商的接納與承諾治療（ACT）來加以理解，它指的是接納自己的情緒和感受，與當下的生活進行連結，並做出真實有效的行動。

與其一直盯著過去的傷口，不如更多關注當下的生活，時間會讓傷口癒合，也會逐漸顯現你需要的答案。

錯過的總是更好的

你在看什麼？

朋友圈……我的一群好朋友正在工體聚會，我想知道牠們都在玩什麼。

你不覺得嗎？漏掉一場聚會，就會錯過很多有趣的事情。

比如錯過前同桌王二狗的八卦，錯過閨密最新的愛情故事，錯過一個超好笑的笑話。

不太理解。錯過這些，對你能有什麼影響？

從廣泛的人生價值來看，這似乎並沒什麼意義。但從更現實的層面來看，你想像一下，當你下次和朋友見面，牠們講了一個上次聚會的哏，所有人都「哈哈哈哈」，只有你一臉懵地問發生了什麼，是不是很尷尬？

好像是有點。

就像我在公司也總會擔心，同事總愛一起下樓抽菸，而我不抽菸，就會錯過很多和大家相處的機會。

抽菸確實是個社交場景。

還有一次好朋友舉辦了個聚會，我離得很遠所以沒去，後來聽說聚會裡有個大導演，我又很後悔，覺得也許錯過了一炮而紅的機會。

我明白了，這是錯失恐懼。

一種因為患得患失而產生的焦慮，總覺得別人在自己不在時經歷了什麼非常有意義的事情。

好像是的。

所以你錯過什麼精彩事件了嗎？

每天一個心理學罐頭

　　鋪天蓋地的社交訊息、閃爍不停的訊息提醒，正以五花八門的方式侵蝕著我們的日常生活。身處其中的我們，彷彿一不小心就會錯過一件重要的事、做出一個錯誤的決定，我們猶豫不決、自責不已。

　　實際上，這是我們的「錯失恐懼」在作怪。它是一種因為患得患失而產生的焦慮，讓我們總覺得別人在我們不在的時候經歷了什麼有意義的事。

　　放下手機吧，別再看朋友圈了。重要的事此刻正在發生，那個最重要的人正坐在你的身旁呢。

牠去世了

那天看完電影回去已經很晚了，我們拿著沒吃完的爆米花過馬路⋯⋯然後牠被車撞了。

直到路過這條小河，我才意識到，那隻一起釣魚的貓真的已經消失了，牠在我通訊錄裡，卻再也不會有訊息通知了。

接受親密的人的離去，是每個人、每隻貓都會經歷的。

我一度覺得我是失去感情的冷血動物，失去重要的朋友，我卻一點都感受不到難過。

麻木是正常的。這是一種防禦機制。多數人第一次面對巨大悲傷都不知如何應對，只能壓抑。

就像你某一天摔傷了腿，可能短時間內痛得已經感覺不到痛。但經過幾天後，你才會越來越感受到真實的疼痛，而這也是傷口癒合的開始。

就在剛剛這十幾分鐘裡，我失去牠的痛苦越發強烈，從未如此強烈。

我第一次經歷喪失的時候，其實和你不太一樣。

我一直不相信牠真的生病離開了，我同樣沒怎麼哭，因為我總覺得事情搞錯了，牠一定會回來。

很長一段時間，我買小零食依然會多買一份，想吃宵夜也會下意識地想發訊息找牠。有時候被你欺負了，我還會第一時間想去找牠訴苦。

回覆是肯定收不到啦，我也會短暫地失落一下……但奇怪的是，下次我依然會重複去做。那些相處時養成的習慣早已刻印在生活中了，怎麼會輕易消失呢？

直到有一天，我聽到一首歌，一首我們曾經一起唱過的歌，我忽然開始毫無緣由地大哭大叫，在大街上。

哭完之後我釋然了，我一下子能夠接受牠的離開了。

我也意識到，我之前一次次去找牠，再一次次地失落，以及你那些麻木的經歷，其實都是在用另一種形式和失去的人相處。

其實我們都是在積蓄勇氣。

等積蓄夠了面對喪失的勇氣，終於將內心壓抑已久的悲痛傾瀉出去，也就會開始慢慢恢復感知情緒的能力，完成了哀悼，才能重新啟程。

告別是個長長的過程，每個人的感受都不盡相同。

想哭就隨時哭吧。我陪著你呢。

對很多年輕的朋友來說，第一次經歷喪失往往會不知所措——也許是忽然失去親人，也許是忽然失去好友。喪失是人生必經的事情。當你經歷後發現自己身處一些無法理解的情緒中，或者度過一些或痛苦或麻木的日子，請你不必逼迫自己太著急地走出來。悲痛的療癒是一個過程，它需要更多的時間。

正如電影中所說：「要允許悲傷的浪反反覆覆衝擊海岸，一次又一次勇敢地經過它們，直到有一股新生的力量從無到有，從心底最黑暗的角落滋生出來。完成了哀悼，才能重新啟程。」

該如何對待
一個哭泣的朋友

唉……

你不許說話。

我什麼道理都懂，我就是想難過一會兒。

每天一個心理學罐頭

　　面對一個哭泣的朋友，我們常常急迫地想知道他為什麼哭，好想辦法讓他立刻停止哭泣和悲傷。但實際上，包容他的情緒，給一個安全的環境，允許他肆意地釋放自己，才是對他最好的回應。

　　沒關係，讓我陪你再難過一會兒，在我面前你永遠不必假裝堅強。

那些說「為你好」的人，
都幹了什麼？

等你埋完「便便」我再過來……打擾了打擾了。

你回來！誰說我在埋「便便」，我是在發洩。

你這發洩方式有點獨特，說說吧，這是怎麼了？

還是因為大黃，我現在看到牠，就開始條件反射地憤怒。在我心裡的「光說不做廢物排行榜」中，牠已經穩居第一了。

牠前天說想練習駕駛掃地機器人，我就幫牠羅列了當時掃地機器人的型號和駕駛時的注意事項。

第二天，牠說厭倦了，想改練用人類馬桶上廁所。我說我認識一個這方面的高手，打算今天介紹給牠，結果就在剛才牠說牠去釣魚了。

你說，這世界上怎麼能有如此三分鐘熱度的貓，最後只會「唉喲唉喲」地羨慕別人，我一定要幫牠改掉這個臭毛病。

聽起來是有點問題。

是吧！

我是說你有點問題，你怎麼看起來比牠還著急。

欸？你這倒是問倒我了……畢竟大家朋友一場，總不能眼睜睜看著牠墮落下去，一事無成。

你為什麼覺得牠這樣就會墮落，就會一事無成？

難道不是嗎？

據我觀察，牠用這種方式生活，好像也沒有很糟。

這倒是，牠小日子過得還算滋潤。

但「光說不做」一定是不對的，我看到大黃這狀態就著急，一定要幫牠改掉，我這都是為牠好。

以我的經驗，當一隻貓說出「都是為牠好」，實際往往是為了自己，你想想，你是不是在用自己的標準，判斷牠是一隻「光說不做」的貓，並認為牠這樣是錯的？

可能是因為，你不想成為「光說不做」的貓，那使你恐慌。於是你也無法允許大黃「光說不做」，同時替牠感到恐慌，你只是在「使用」牠，作為安撫自己恐慌的工具。

過於尖銳，但難以反駁。

也許大黃只是單純認為用人類馬桶上廁所很酷，但自己並不想那樣，牠是隻成年貓，有自己的價值觀和行為方式，隨牠去吧。

比起試圖改變別人，不如想想自己的恐慌來自何方。

啊，你成功喚醒了我貓生前半段立下的尚未實現的幾十個志願！

我才是「光說不做廢物排行榜」第一名，我居然還替別人操心！

當貓好累，「貓生」好難！

每天一個心理學罐頭

「為你好」是一個常見的陷阱，當一個人出現這種想法時，實際上是他投射了一些東西在對方的身上。

我們希望幫助一個人改變壞習慣，可能真正想改變的是自己；我們希望幫助一個人決定他的對錯，可能是缺失對自己人生的掌控。「為你好」這樣一個善良而又絕對正義的代名詞，並不意味著真實的幫助，它更像是一種方式──透過「使用別人」處理自己的情緒。

因此，我們需要警惕。每一個成年人，都有自己的生活、自己的價值觀、自己的行為模式、自己需要承擔的責任，我們不需要「為你好」，我們需要「自己好」。

它再也不會原諒我了

還記得嗎？

兩年前的秋天，也是一個同樣細雨濛濛的天裡，你帶著它，我們第一次相遇。

風一樣輕，雨一樣細，連土壤的氣味都那麼相似。

125

希望它能不恨我們。

不可能了，當初它還在的時候，我們熬夜跳舞打遊戲，大中華小啤酒，沒事還去燙和漂。

從沒想過要考慮它的感受，如果它真的施捨，即使一絲絲的原諒，我都會羞愧難當的。

回想一下，它離開前也曾給我們發出過很多信號，在它待過的枕頭上、地板上，都曾給過我們提示，是我們後知後覺不夠聰明啊。

它不在的這些日子裡，我的生活變得一團糟且神經兮兮，以前很喜歡鏟屎官的「摸頭殺」，現在要時刻提防迴避，因為這個動作總會讓我想起它。

每次去理髮店，Tony老師出現任何一個可疑的動作都會讓我條件反射地大喊大叫。

每次認識新的人都覺得自己有事瞞著對方，再也不真誠了，下意識想去確認，還有沒有人會喜歡我。

不管如何，這也是一次失去，它肩負著你貓生裡重要的角色和意義。

它的離開就像一個標誌，在不停地告訴所有人我不再年輕了，不再好看，不再有更好的身體機能，希望它來世遇到的貓都是好貓。

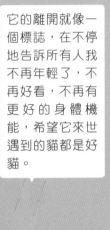

敬愛的貓毛之墓

真到了大量掉髮的時候，我們就去剃光頭吧。

我看行。

每天一個心理學罐頭

　　嚴肅地說，「貓毛」從身上脫落，「頭髮」棄我們而去，這些小失去也會給我們帶來哀傷。哀傷是因人而異的，只有我們自己才能明白失去對於我們的意義。

　　處理哀傷需要時間，心理學家伊莉莎白・庫伯勒・羅斯（Elisabeth Kübler-Ross）提出了「哀傷的五個階段」：否認、憤怒、討價還價、沮喪和最終的接受。在經歷任何一種失去後，你可能會反覆經歷以上這五種情緒，請不必擔心，這些反應都是正常和自然的，無須為自己的情緒感到羞愧。

　　每個人都會遭遇不同的哀傷，也都有自己處理哀傷的方式，舉辦一個小型儀式，尋求他人的幫助，都是很好的選擇。生活還在繼續，我會陪伴著你慢慢向前。

我不焦慮，但我覺得我應該焦慮，這讓我很焦慮

貓是會變的，我成長了。你知道翠花嗎？牠是我見過最焦慮的貓了。牠總擔心變禿，不停地買防脫貓糧。

牠毛髮看起來還挺茂盛。

其實前爪上的毛已經非常稀疏。

嘖嘖，毛髮脫落真的是一種超越物種和生殖隔離的普遍焦慮。

樓下的小黑，是我見過第二焦慮的貓。牠認為黑色的毛色讓自己沒有存在感，尤其在夜晚。

然後是樓上大黃，第三名焦慮患者。

牠總懷疑牠老公愛上隔壁公寓的小花貓，牠自己越來越胖，還帶著兩個娃。

但是我好像沒有什麼焦慮的事情，甚至歲月靜好得讓我心裡發毛。

這是一種新型的炫耀嗎？

你覺得不焦慮是炫耀嗎？

問倒我了。

這種感覺很奇怪，身邊的貓都各有各的焦慮，我倒像是最不正常的那個。

感覺焦慮就像一條癩皮狗，在的時候厭惡它，但當它真的消失後，我又無所適從。

癩皮什麼？你可不要搞種族歧視。

我錯了，口誤……

不過你這麼說我就明白了，其實焦慮並不全是壞事，它也能滿足我們的一些需求。

有時是真實感，有時是從眾。

甚至很多時候，連我們的安全感都會有一部分來自焦慮。

作為一種再常見不過的情緒，焦慮能讓我們更真實地感知到生活，感受自己活著。

再說，誰都躲不掉焦慮，也沒必要躲。就好像你雖然感覺自己現在不焦慮，但你又覺得自己應該焦慮……這其實也是一種焦慮。

啊，混蛋，你成功引起了我的焦慮……

每天一個心理學罐頭

當我們為生活中的一切感到焦慮時，我們很難想像，焦慮其實是有好處的。

焦慮是人在面臨威脅時的正常情緒反應，它更多發揮了一種保護作用。比如缺乏自我保護能力的孩子發現母親不在身邊時，會因焦慮而哇哇大哭，以此吸引母親的注意力；或者一個身體不適的人對身體狀況的焦慮和擔心，會促使他去醫院檢查疾病。

甚至，「焦慮」能夠成為我們社交時的共同話題，或者讓我們感受到鮮活的生命力。既然沒有誰能躲得過焦慮，不如讓我們學會與它和平共處吧！

來做個「焦慮水準測試」，
收穫緩解焦慮的辦法。

Chapter 3

療癒的哲學

有些時候,「喪」會成為人生常態

如果我憂鬱了怎麼辦？

如果有一天我憂鬱了怎麼辦？

我會不會每天都不開心，甚至連小魚乾都無法吸引我。

「貓生」陷入一片黑暗。

那我就陪你下沉，再陪你上浮。

每天一個心理學罐頭

當我們最愛的人感受到憂鬱情緒，我們該怎麼做？

陪伴。而陪伴憂鬱者的前提，是嘗試去懂它。你不需要「修復」對方，只需要當一個好的傾聽者，鼓勵他們談論自己的感受，這對他們來說已經是巨大的幫助。記住，不要指望一次談心就能達到目的，你可能需要一次又一次地表達你的關心、溫柔、耐心和堅持。

陪伴一個憂鬱的人，需要很大的勇氣和精力，但風雨過後懸掛在天邊的彩虹，值得讓我們陪著他下沉，再上浮。

好想愛這個世界啊

那是什麼？

一個朋友送我的禮物……準確地說，我也不知道我們算不算朋友。

牠是一隻有點奇怪的貓。雖然我幾個月前就見過牠，但牠一直獨來獨往，好像沒有任何朋友，也沒有貓願意和牠在一起。

神神祕祕的。

關於牠還有一些奇怪的傳言，比如牠有很嚴重的傳染病，經常動爪攻擊別人，還經常偷東西。

聽起來有些惡劣。

是的，所以我也一直和牠保持距離。

但你收了牠送的禮物，所以故事一定還有轉折？

嗯……大概一週前的一個晚上，我在外面散步，看到牠蜷縮在一輛汽車的輪子上。

我遠遠地提醒牠這樣很危險，人類開車是不會留意牠的。但牠說無所謂。

但我還是想勸牠找個安全的地方，於是湊近了一些，牠被嚇了一跳，立刻擺出攻擊姿勢，想撓我。

但牠馬上又把爪子放下，縮回車輪裡，讓我少管閒事。牠的原話是：「就這樣離開這個世界也挺好的，死於人類，總比死於同類要強。」

嘖嘖，這句話過於悲傷了，牠一定經歷了很多不好的事情。

非常不好。後來我才知道，關於牠的那些傳言全都是謠言。

牠有憂鬱症，牠猶豫了很久才告訴我。說牠現在根本不敢跟別人講自己的憂鬱。

牠也向別人求助過，但每次都會被那些不懂憂鬱的貓嫌棄：「一隻小野貓，怎麼跟人類一樣矯情？還說自己有憂鬱症，怎麼不去死？」

真過分。

於是牠習慣了躲在車輪子裡，只有在那裡牠才能感受到一些溫暖。

然後謠言也越來越多，越來越難聽。牠說已經習慣孤獨了，除了我，從來沒有貓願意走近牠3公尺以內。

我說我一點都不懷疑牠，因為我知道貓真的會得憂鬱症，然後牠就不說話了。

過了好久好久，牠說：「我好羨慕那些能愛著這個世界的人啊！」

其實很多憂鬱的貓和人一樣，嘴上說著「想愛上這個世界」，潛臺詞其實是「多想被這個世界愛著啊」！

憂鬱症患者是很辛苦的，因此任何一點真誠的陪伴都能成為牠們巨大的力量。

牠也許沒想到遇見你，生活裡忽然照進了一點陽光。

但願如此，至少牠最近晚上不再縮在車輪裡了。

牠應該已經不再需要車輪裡的那點溫暖了。

真希望牠幸福。

多數人對「憂鬱」的無知，是對憂鬱症患者最殘忍的事。

憂鬱症不是「矯情」、「不成熟」、「想不開」，而是一種常見的心理障礙，典型症狀為持續性的情緒低落，食慾、意志消退，對事物失去興趣，悲觀，思考遲緩，暴躁易怒，自責內疚等。除了憂鬱本身帶來的痛苦，憂鬱症患者還常常不被他人所理解，彷彿站在陰霾裡，努力向上爬，卻越陷越深。

世界衛生組織的報告顯示，當前全球超過 3 億人正受到憂鬱症的困擾，約占全球人口的 4.3％。

「好想愛這個世界啊」，是憂鬱症患者內心的掙扎，是對愛與被愛的呼喚。與憂鬱症患者的相處儘管往往沒那麼順利，但值得我們付出努力。請理解他們突然間的情緒崩潰，請多些包容，給予他們可以喘息的空間，請用陪伴代替誤解與指責。

請把這份「憂鬱防護手冊」
分享給有需要的人。

最好的安慰就是不安慰

為什麼你看起來一副對生活不滿的樣子？

這麼明顯嗎？

事情是這樣的，昨天隔壁大橘貓找我幫忙，教牠的兩個兒子爬樹，因為牠太胖了，爬不動。

我很努力去教，但還是失敗了。兩隻小貓沒學會爬樹，但愛上了舔樹皮。

我感到自己非常無能。那種幾乎要把我淹沒的強烈挫敗感，你明白嗎？

我懂。這讓我想起小時候學習抬腿尿尿的痛苦經歷，每次尿到腳上，我都感覺自己小腦先天有問題，產生深刻的自我懷疑。

一定是因為我太笨，才教不會牠們。

確實有點糟糕。不過，你教了多久？

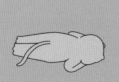

整整一個白天，15小時21分鐘。

你沒有揍牠們？

當然沒有，我這麼善良，全程都在鼓勵和示範。

比如告訴牠們：即使爬不上去，樹葉也很好看啊，享受大樹才是爬樹的精髓。所以牠們今天愛上了舔大樹。

那我覺得你沒什麼需要自責的。這麼快就讓牠們意識到爬樹的精髓是「喜歡大樹」已經很不容易了。

雖然牠們對大樹表達喜歡的方式有些「小眾」。沒學會也許只是客觀條件問題，畢竟你只教了牠們一天，牠們也需要時間練習。

我學抬腿尿尿學了兩個月呢……

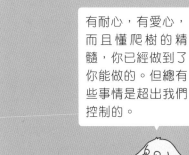

有耐心，有愛心，而且懂爬樹的精髓，你已經做到了你能做的。但總有些事情是超出我們控制的。

你真的這麼認為？

聽你這麼說，我感覺好多了。嘿，沒想到你挺會安慰人。我就不行，被我安慰過的人最後只會哭得更慘。

這是藝術，我就是安慰和自慰的大師。

媽呀，導演，這段能播嗎？我一直以為這是個正經的漫畫單元。

是安慰他人和自我安慰，我覺得最好的安慰，就是不要安慰。理解總是最重要的。

最好的狀態就是，我懂得你很難過，但是我不會對你指手畫腳。我願意陪你哭，但是我不急於讓你變成我所期望的樣子。

給你糖。

每天一個心理學罐頭

想想那些難過的時刻吧，我們最需要的是另一個人的理解和共情。

最好的安慰，不是站在旁觀者角度講一堆大道理，而是將自己代入對方的角色，觀察對方在一段令自己不適的情境中所做出的努力，感受他可能感受到的無力、疲憊和悲傷，如同一面鏡子照出他的內心。

要相信每個人都是自我探索的專家，只是當時被消極的東西捂住了眼睛。

生活需要享受孤獨

說普通話。

我在享受正向且自由的孤獨。

什麼的孤獨？

正向，自由。

孤獨難道不應該是焦灼、恐慌嗎？

焦灼和恐慌確實會有，但那是被動的孤獨，我現在是主動尋求孤獨。

有段時間我常常呼朋喚友、上躥下跳，不斷製造忙碌。一旦停下，只剩我自己，那種空洞與焦慮會讓我抓狂。

不斷地陷入瑣碎的小事，容易被一些無謂的話語激怒⋯⋯

有一天我受夠了，決定停下來，不再逃避這種感受，看看會怎麼樣。

大概會憂鬱。

並沒有，還有，憂鬱是挺嚴肅的一件事。

我錯了，繼續講。

我開始有更多的耐心，靜下來梳理和安撫自己，也意識到有些時候我對熱鬧和他人陪伴的渴望並不是真實的。

而當我正視孤獨的時候，它似乎就沒那麼……可怕了。

也可以這麼說，獨處總是利於讓人專心地思考，這讓我的自我思想可以有發言的時間，精神生活也能真正地充實飽滿。而這彌補了我的分離和被拋棄感。

這種孤獨感讓我生活的效率更高。

也就是正向的孤獨？

嗯，所以我也偶爾會需要讓自己處於孤獨狀態，去感受周邊人群和事物的真實意義。

那是一種對飽滿的精神生活不疾不徐地消化，悠然、閑靜、從容的狀態，而不是寂寞的荒涼與恐慌。

那不至於。

我看你快要歸隱了。

所以你還要繼續孤獨嗎？那我就不打擾你了？

等等。

今天的孤獨時間其實也差不多了……

「孤獨」並不總是焦灼和恐慌的，也可以是正向和自由的。

正向和自由的孤獨本質上是「積極獨處」，一個人在擁有良好人際交往的同時，為自己保留一些獨處時間，去觀察、感知真實的生活，摒除外界資訊，專注於思考和自我的精神世界。

停下來，正視並擁抱自己的孤獨吧。你會發現，孤獨沒那麼可怕，除了絕望、沮喪和自我厭煩，還有「採菊東籬下，悠然見南山」的閑靜舒適和從容不迫，以及不被社會規則束縛、不被他人目光審視的自由。

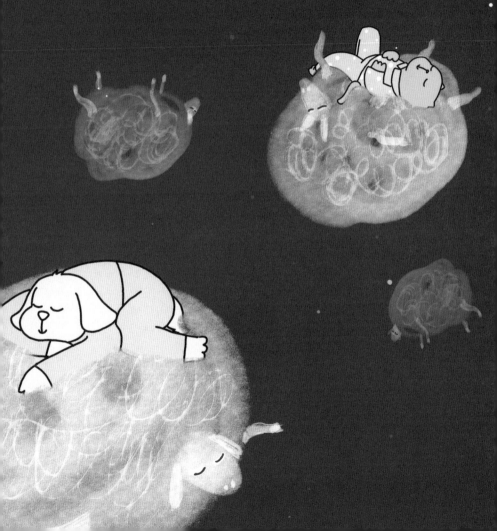

冬天防憂鬱和保暖一樣重要

今天中午我睡了一覺。

不是普通的一覺。我在一個會議結束後的第1分27秒睡著，又在另一個會議的前3分鐘醒來。

你能理解那種微妙的舒適感嗎？一分不多一分不少。就像是從忙碌混亂又密密麻麻的生活中偷來的一覺。

難道是從口袋裡翻出了錢？

正確！雖然客觀上我的淨財富並沒有增長，但我依然獲得了天降橫財般的快樂。

就像失而復得？

比失而復得更加意外。

像撿錢？

比撿錢少經歷一點道德審判。

像收到去年的自己送來的穿越時間的禮物。

你要這麼說，未免使我之前的想法看起來過於不浪漫了……

但本質還是賺了。

啊，但天還是太冷了，冬天這個季節真是容易讓人失去快樂，情緒低落。

驚喜往往是少數事件，帶來的喜悅也往往稍縱即逝。

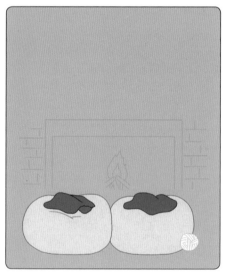

每天一個心理學罐頭

不要小看日常生活的力量，尤其在憂鬱好發的冬季。

冬季憂鬱也叫季節性情緒失調。這是一種因天氣變化而出現憂鬱症狀的反應，例如寒冷的天氣會抑制人們的新陳代謝，光照的減少會使我們的步調紊亂，冬季真是一個非常容易讓人喪失生活積極性的季節。

因此，多做令你感到美好的事、多見令你感到美好的人，是冬季裡最為重要的事。當你開始有意識主動地選擇，一個冒著熱氣的地瓜，也會給你帶來熱騰騰的希望。

能翻臉，是一段關係的底線

我在猶豫要不要繼續做一隻好貓。

非常壓抑、委屈。

我描述一下背景吧。小黑今天又約我爬樹，但牠以前每次都遲到，讓我很生氣。

可鑑於好貓不能隨意發脾氣，於是我很長一段時間都在保持微笑。

但牠這次更加過分了，牠居然直接放了我鴿子。

所以你終於衝牠發火了？

沒有，我來你面前踱步了。

我還是需要在發火前再梳理一下。

那我有些懷疑你對「好貓」的定義了。

「好貓」就是遇事寬容大度、對人溫和有禮、從不亂發脾氣。

等等，這聽起來更像是「老好貓」而不是「好貓」。

受了委屈又不去表達，這種自我犧牲的想法其實過於為難自己了。

這就很複雜了……我覺得我並不敢發火。

一旦鬧翻臉，可能就真的會和小黑出現裂痕，說不定從此失去這個朋友。

除了愛遲到，牠在其他時候都是不錯的朋友，我不想失去牠。

你又沒試過，怎麼知道一定會失去對方，一段健康的關係不會如此脆弱。

翻臉不是失去理智、六親不認，而是用合理的方式，把自己的氣憤、難過、不安直接傳達給對方。

也是讓對方清楚自己的底線，大聲說出來「我是隻好貓，但可不是隻好欺負的貓」。

另外，這些情緒是很難自行消化的，一直壓抑，要麼把自己憋死，要麼在對方的得寸進尺下把自己氣死。

這樣更沒辦法做朋友了!

是的,敢和別人翻臉,並不意味著你不是隻好貓。

這反而意味著你們的關係是「允許表達憤怒的關係」,是健康的關係。

你說得對。

小黑,你這混蛋給我等著!

每天一個心理學罐頭

衝突看上去是一件很壞的事，但能夠給予「翻臉」空間的關係，往往才是值得呵護的。

在日常生活的每一段關係中，我們或多或少會犧牲自己的需求去滿足對方，久而久之，它會累積成不滿。透過爭吵，我們能夠宣洩情緒、釋放不滿，同時將真實的自己展現給對方，促進關係更好地發展。

一段好的關係，往往不像你擔心的那般脆弱。當你感到不舒適時，請真誠地向對方表達你的感受吧！

欸，你說世界上有完美的貓嗎？

比如卡爾‧拉格斐的那隻貓舒佩特，時尚圈名媛，一年拍廣告就能賺300萬歐元，是我們貓共同的奮鬥目標了。

嘖嘖，算了吧，牠就是攤上個好爸爸。我一直覺得牠長得髒兮兮的。

沒想到你也有如此狹隘的一面。

吐個槽而已。

沒想到你還嚇唬小朋友……怎麼回事，今天的你有些反常，稍稍偏離了一直以來獨立思考、客觀冷靜的人設。

「狗設」。

那我要趕緊打破你對我的刻板印象，誰還沒有一點表達自己攻擊性、陰暗面的需求呢？

這是什麼邏輯？

我並不希望被當成「大好狗」，我不想隱藏自己的另一面。

雖然這一面肯定不被大家喜歡，也不適合出現在社交環境中……可能是暴力、邪惡、骯髒的樣子。

我經常想在半夜2點用盡全力汪汪汪大叫，或者把家裡的沙發徹底撕爛，或者舔自己的屁股。

不行。

說說而已。

讓人誤以為我時刻正常和善良，就得一直這麼生活下去，豈不是很慘。

不能因為自己的陰暗面不好就壓抑它，有一天壓不住，我萬一忽然出去咬傷路人，或者把家全拆掉——

甚至直接在公園躺椅上撅屁股大便——

夠了，太可怕了。

所以我偶爾會放縱自己，幹點不傷害別人的小壞事，比如適當偷懶、罵罵髒話、嚇嚇小狗。

完美人設是一種枷鎖，我們一旦被貼上了完美的標籤，就難免在各個方面壓抑自我。

一方面要盡力避免展露不完美的一面，害怕遭到旁人的質疑和苛責；另一方面又要小心翼翼地呵護自己的人設，即使活得很累也不敢輕易改變。

表達內心陰暗面的必要性，就在於打破完美人設，撕掉貼在自己身上不合理的標籤，接納並展示真實的自我。這個世界上哪有完美的人呢？做真實的自己，始終是快樂的第一要務。

「憂鬱」才是人生的常態

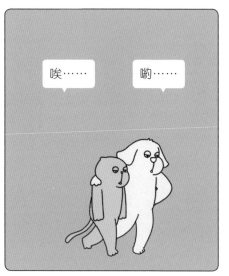

唉……　喲……

累死我了，下次阿丫和牠男朋友吵架，我絕對不再去勸架了。

一月勸三回，回回都說著這次確定分手，鐵定沒辦法在一起了。

鬧得我們緊張兮兮，結果牠們兩個隔天就好得不得了。

恩愛的情侶在吵架和哭鬧，只有兩隻單身的貓和狗滿頭都是問號。

關鍵是牠們兩個每次打得都挺激烈，看起來根本沒有復合的劇情啊。

大家分手的時候能不能真誠一點，做到說話算話？

只怪我們太天真，動物在吵架前後的思考迴路是不一樣的，不能當真。

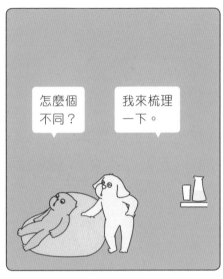

怎麼個不同？

我來梳理一下。

矛盾的焦點是，午飯兩隻貓明明說好吃小魚乾，男方卻臨時變卦，改買了魚肉餅。

然後矛盾升級，出現「你做事從來不和我商量」、「你心裡從來都沒我」等重話。

之後開始亮爪子撬桌子。

依我看，牠們兩個進入了一種「偏執一分裂」的狀態，停止深入思考，只想分清對錯。

結果誰都覺得自己是受害者，有一肚子苦水，甚至覺得這戀愛完蛋了。

但等吵完，美好的回憶和感情又讓牠們冷靜下來，轉換成「憂鬱」的狀態。

怎麼還出現憂鬱了？

這是一個狀態，和憂鬱症是兩碼事。

你繼續。

牠們開始找回冷靜思考的能力，把黑白、好壞整合起來，不再那麼偏執。

仔細想想，自己也不是一點錯都沒有。

然後就稀里糊塗地和好？

應該就是這麼個過程，其實大部分人的一生，都是在這兩種狀態之間轉換。

這麼說，憂鬱也不是什麼壞事？

從某種角度來說，憂鬱狀態也是需要練習的。這意味著他具備一定的心智能力，來理解一件事情有好有壞，理解一個人有他的力量，也有他的軟弱。

也能忍受更多的痛苦，感知更多複雜的情感……怎麼說呢，又能吵架，又能冷靜思考，這樣才是更健康的關係。

行吧，那我還有一個問題，下次阿丫牠們兩個吵架，我們還勸架嗎？

算了吧，保命要緊。

每天一個心理學罐頭

「憂鬱」這個詞，在很多場合都作為負面詞彙出現，但實際上，「憂鬱」情緒甚至狀態，是在心理健康的系統之上的。

心理學家克萊恩提出，人在心理過程中有兩個位置：一個叫做「偏執—類分裂心理位置」，處在這個位置上的人會停止思考，只想「甩鍋」；另一個叫做「憂鬱心理位置」，當處在這個位置時，我們會對事情進行反思和深度思考。

因此，「憂鬱位置」是一個思考和認識自我的位置，這也是憂鬱帶給我們的價值和財富。

不笑，是我的權利

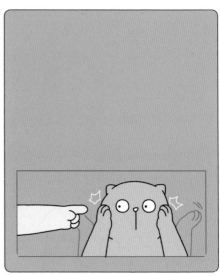

住手，我在做一次深入的探索。

我在練習不笑，已經持續練習了76天。有興趣加入嗎？

沒興趣，莫名其妙。

你不覺得我平時笑得過於頻繁了嗎？

不覺得。

你不關注我。

頻繁有什麼問題嗎？

當然，頻率高到笑得臉疼。不管好事壞事，開心不開心都在笑。

比如不受控制地笑著回答，有不好的事情發生，第一反應是笑著說沒關係，和重要的人分開也笑著揮手再見。

「笑」成了我在社交場合中的第一，甚至是唯一反應。

上次公司裡有人吵架，你確實是第一個笑嘻嘻地站出來緩解氣氛的。

那場吵架本來跟我沒有任何關係。

我不對勁，期望總是用微笑面對所有人和事，是有問題的。

所以你之前為什麼總是笑？

我也不想的,但周圍的人總說,我笑起來好看可愛,我就覺得應該笑。

那練習讓你有什麼收穫嗎?

當然,我開始克制自己的笑臉,甚至故意板著臉。

很神奇,表情一冷靜下來,情緒也跟著不那麼興奮了。

剛開始擔心自己說話不笑不夠友善,不知道會不會因為表情不柔和而和別人打起來。

但因為不笑而一點點暴露出來的情緒讓我意識到，我以前沒少用笑騙自己。

以往到底是出於禮貌還是恐慌，喜歡還是討好，包容還是希望得到認同？

當微笑變成習慣，總有悲傷的事情被藏起來。

精準，微笑應該是一種選擇，而不是一種習慣。

當微笑成為一種習慣，開心也笑，不開心也笑，微笑就失去了原本的意義。

微笑不是社交場合的唯一選擇，它應是發自內心的欣喜，而不是緩解尷尬的工具。如果隨時隨地都在微笑，那麼我們內心原本的情緒和體驗可能就被掩蓋了。我們看不清自己究竟是真實地喜歡，還是刻意地討好，甚至無法分辨自己的悲喜。

在想笑的時候笑吧，別總在應該哭的時候笑。

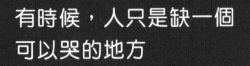

有時候，人只是缺一個
可以哭的地方

啊？你在嘲笑我？

認真的，認真的。

很小的時候我好像也愛哭，不記得什麼時候開始就不哭了。

記得小時候上學很累，有一天實在受不了就哭著跑回家訴苦，我其實只想在爸媽那裡要耍小脾氣，任性一會兒。

沒想到爸讓媽切了滿滿一盤生辣椒端到桌子上，我們父子兩個面對面坐著，一起吃完了一整盤。

那是我「狗生」第一次生吃辣椒，沒有配菜，一邊吃一邊哭，一邊被喝斥不許哭，那會兒也分不清是因為太辣還是上學太累，吃到最後居然真的忍住不哭了。

之後……我再也沒有因為受苦抱怨過。

後來不管是沒考好、被炒魷魚、被分手還是摔斷腿，周圍的人也總是說：不要哭，哭解決不了任何事，只有軟弱的狗才哭哭啼啼。

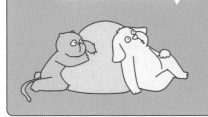

牠們總說要堅強。好像悲傷、痛苦、脆弱是不能表現出來的。

於是我也逐漸跟自己說：要積極向上，壞情緒一定要及時清理掉，還有很多事要做，怎麼能被這些破事影響情緒呢？它們不值得我難過。

不過，每次強迫自己大笑後，總有一絲絲的……空洞。

傷心就是傷心，痛就是痛，這是一個人的正常反應，哪是能用理智蒙混得過去的。壓抑那麼多，不面對自己的真實感受，是要出問題的！

雖然我總是哭哭啼啼的，但我也是一隻堅強的貓啊！悲傷脆弱跟堅強才不是對立關係！

哭解決不了任何問題？不，哭本身就在解決問題。

我們常常提到的「堅強」，實際上可能是一種「壓抑」的心理防禦機制，把悲傷和痛苦壓抑在潛意識裡，使自己暫時感受不到它們的存在。在這種情況下，負面情緒不僅沒有及時得到解決，而且隨著時間發展，它們會在某一時刻超出我們的承受範圍，使我們陷入更大的憂鬱、崩潰和無意義感之中。

請記住，哭從不意味著脆弱，更不是堅強的對立面。想哭就哭吧！你總歸需要一個盡情釋放情緒的角落。

高度敏感的人群都有種天賦

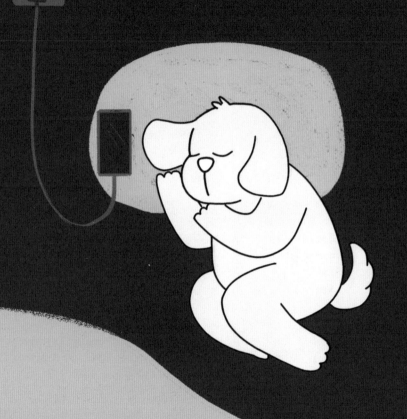

你今天看起來精神恍惚。

今早思考了一些問題，現在感覺很不好。

嘖嘖嘖，你最近的思考是不是有點頻繁，我都不習慣了。

呸，我認真的。

眾所周知，貓是非常敏感的生物。敏感到身邊一點點輕微的聲音都會被我捕捉到。

除此之外，我還能隨時注意到身邊任何風吹草動，比如你每次動耳朵，晃手指。

然後就會不由得去分析猜測你此時此刻的想法。

聽起來很累。

非常累。如今我不僅對一切外界資訊敏感，對自己的行為也是。我每天都會不停地思考自己的步態是否優雅，毛色乾不乾淨，肉墊夠不夠可愛……

極其難受。

這種高敏感極大地消耗了我的時間和精力，每天80%的時間和腦細胞葬身於此。我甚至開始覺得自己一無是處。

你快冷靜一下。

我恰恰覺得哦，敏感未必就意味著脆弱。高敏感其實是一種天賦。

相較於「脆弱」，高敏感的人更容易感知到世界細微的變化，也因此獲得了更多改變自身的可能性。

我覺得你在強行解釋。

其實「敏感」也叫「差別易感性」。

差別易感性高，往往對變化有更強的洞察力，也更容易被變化感染。

雖然容易受到不好的事情影響，不過同樣，也更容易捕捉生活的溫暖，發現周圍環境裡微妙的聯結。這可是高敏感群體獨一無二的天賦。

你說得對，但它依然讓我更容易被傷害啊！

不不不，換個角度來看，這會讓你獲得更多快樂。

比如在黑夜來臨時，你也許更容易聽到樹葉的聲音，並因此感到恐懼。但正因如此，你也會更在意天上的北極星，看到夜晚真正的模樣。

我不想錯過星星。

再比如，當每天早上拉開窗簾，你總能看到陽光灑進來的剎那，並嗅到陽光的味道。

早晚匆匆趕路時欣賞路邊金燦燦的銀杏。

就算喝酒，也能透過酒的顏色看到世界的不同色彩。

好像還不賴？

每天一個心理學罐頭

高敏感不是脆弱，而是一種「天賦」。

心理學上，高敏感體質（Highly Sensitive Person）不是一種疾病或狀態，而是一種比較穩定和持久的人格特質。擁有這種「體質」的人，對他人的同理心更強，對事物的思考也更深入。研究還發現，相比他人，這一人群可以更好地處理自己的感覺和反應。

如果你是高敏感體質，不必迎合大環境的標準去滿足他人的期待，你完全可以接受自己，充分發揮自己的特質，找到屬於你的「平和的幸福」。

（笑聲）

你為什麼要這麼走路啊？

因為這麼走會變得很開心。

嗯……

居然是真的……

Chapter 4

自由的哲學

學會愛上自己的選擇

許多不快樂都是界線問題

然後呢，牠拒絕了小龍蝦嗎？

我根本沒提，我想想覺得生魚片拼盤也還可以，就「好好好，吃吃吃，走走走」了。

遺憾，結果小龍蝦都沒有在你們的故事中登場。

我這不是現在後悔了嗎。

之前一起去旅行也是，牠要向東走逛寺廟，我就跟著牠去了。雖然寺廟也很漂亮，但我本來是想往西走去逛一座博物館，到現在都是「貓生」一大遺憾。

不快樂，為什麼總是我不快樂？

為什麼不快樂的總是我？

你停一下……你想吃什麼、想去哪，為什麼不講出來？為什麼不拒絕大黃？

那不合適吧？

大家關係這麼好，何必為這點小事就互相拒絕，引起衝突。

這是個立場表達問題，你有沒有一種矛盾感？

你其實還是希望大黃問問你的想法吧？像你一樣自願妥協一次，陪你吃小龍蝦。

我並不否認⋯⋯

這往往耗費彼此更多的精力、更長的時間，讓雙方付出更大的代價。

放輕鬆點，這不過是順手告訴對方自己的真實想法，喜歡或者不喜歡而已。

清楚地讓對方知道你不希望地這麼做，這並不具有攻擊性。你過於善良了。

明確自己的界線和尊重別人的界線，都很重要。

我明白了！

我要明確表達自己的態度，我現在要吃小龍蝦！你陪我去！當然……你不想去可以拒絕。

我也明確表達想法，我正有此意。

我們常常在人際關係中感到受委屈、被冒犯，是因為我們缺乏「心理界線」。

「心理界線」就像是「自我王國」的國界線，它是我們在時間、精力、情緒、想法、財產、物品等事物上獨特的規則。一個界線清晰的人，敢於在規則被打破時勇敢說「不」，而界線不清晰的人，則會一味地壓抑自己、犧牲自我。

因此，「心理界線」是一段關係得以平等的前提。先建立自我界線，才更懂得尊重別人的界線；先照顧好自己，才更懂得如何關懷他人。

來測測你的心理界線。

一個讓人再也不會
崩潰、糾纏、哭鬧的遊戲

要不要來玩個遊戲，叫「yes, and」。

什麼玩意？

就是不管對方說什麼，都要先認同牠，並順著牠描述的情節繼續編下去。

憑什麼？豈不是顯得我沒有一點主見。

嘖嘖，你這樣就很不yes。這個遊戲的核心是不質疑。讓你暫時擺脫現實生活中的緊繃，消除戒備和抗拒，是一種很好的放鬆方式。

好吧，那就玩一次試試。

開始吧。哇！你背後有好大一隻大象！

怎麼可能有大象？而且應該是一頭大象，哪有說「一隻大象」的！

錯了！不能質疑！你要認可我描述的場景！繼續往下接！

但也太離譜了⋯⋯好好好，我重來。

被你發現了，確實有隻大象！其實牠已經來我家三天了，你之前都沒有發現嗎？

前幾天我完全沒有發現牠，而且牠居然是藍色的？

胡扯⋯⋯哪裡有藍色的大象⋯⋯

哈哈哈，是啊是啊，全身都是藍色的。

227

被無條件信任了。

不覺得這遊戲很像真實的人生嗎？總是充滿意外，總是不知道對方下一句要說什麼，也不知道自己會做些什麼。

一切都是即興發揮。

人生本質上就是一場即興表演吧！面對突然的問題，比起焦慮和崩潰，不如先接受已經發生的事實，再思考如何向前。先說yes，再想and。

哇，我喜歡這種思維方式。人生總有糟糕的事情，and糟糕的事永遠都有轉機。

對對對。

生活總是在跟我們開玩笑，但有時也要看你怎麼回應它。

即興劇（Improvisational Theater）是一種沒有劇本的表演形式，它給我們帶來了一種新的「不質疑」的思維方式：Yes! 生活就是每天都可能發生糟糕的事；And! 我們還可以做什麼？

打破僵化的思維模式是提升幸福感的重要方式。當我們靈活地運用「Yes, and」去思考生活中的難題，就會發現，我們可以把困境、無聊、挫折都變得更有意義，你可以決定以何種視角看待這個世界。

不過兒童節

沒想到香山夜景還挺棒！我要許個願。

又沒流星，許什麼願。

你別管，成年貓的生活太辛苦，我想變回一個孩子。

你為什麼想變回孩子。

當然是因為孩子可以保持單純。沒有生活的壓力，有很多話梅奶糖，有路邊攤幾角錢的小零食，有很多玩具動畫片，還有很多小夥伴一起跑跳打鬧。

以及可以過兒童節，算嗎？

有點過於美好了。

你知道我怎麼想的嗎？我總覺得，如果真能變回孩子，可能也遠沒有想像中快樂。

要聽家長老師的嘮叨，用手機要偷偷摸摸，吃飯不能挑食，寫字要注意坐姿。吃小零食很快樂，因為除此之外的大部分食物都不是自己能決定的。

幾乎沒有合法賺錢的工作，沒有經濟的自由。兒童節也並不特殊，課繼續上，不放假，作業不寫照樣挨罵。

相比之下，還是成年後的生活更美好、自由。

生活啊，懷舊時總覺得過去無比美好，但仔細想想，不是因為它們美好才珍貴，而是因為珍貴才美好。孩童時光美好，只是因為它不會再回來了。

確實沒錯，唉。

那我再來許個願望吧。既然成長不可逆，那就願我們永遠擁有閃爍的回憶，擁有美麗的故事，擁有溫柔的宇宙。

願我們保持成長，但又能保留一顆童心。像孩子一般天真，像成年人一般堅強。

我也一樣！

每天一個心理學罐頭

　　無論是孩提時代，抑或成年以後，人生總難免遇到挫折和不幸。但唯一不變的，是內心對美好的執著與渴望，我們希望可以像小孩子一樣，不用糾結責任、「應不應該」，無憂無慮地保持著對世界的好奇；也希望如同成年人般，即使在紛擾複雜面前，仍勇敢地撥開迷霧，堅強、自由地秉持本心。

　　願每個人都能「像孩子一樣天真，像成年人一樣堅強」，既保留童心，又能自由、快樂地成長。

自由的人在淋雨

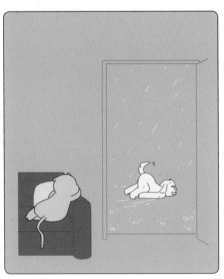

每天一個心理學罐頭

如果感到壓抑，就去「淋一場雨」吧！

心理學家認為，當一個人清楚地意識到自己正處於層層束縛當中，仍然能夠按照心之所想自主地做出選擇並承擔相應的責任，他就是自由的。自由不是什麼都做，自由是在不侵犯他人利益的前提下，盡可能多地做自己想做的事。

所以，突然很想做一件事，那就去做吧。不管是在回家的街道上放聲唱歌，還是聽到一首好聽的曲子隨之搖擺，聽從自己內心的聲音，你會感受到「自由」原來那麼近。

只要不努力，
輸了就不丟人？

明天不就是爬樹大賽開幕式了嗎？不抓緊時間練習爬樹，在這坐著幹嘛呢？

爪指甲這麼長怎麼還不剪？照這樣子，明天肯定抓不住樹皮，塗這些花俏的東西有什麼用？

原本我是在緊張地練習，試圖臨時抱佛腳，直到我剛剛看到隔壁家大橘矯健的身姿。

我都不敢相信自己現在居然比橘貓還胖，而且這屆選手都很強，明天的爬樹大賽可謂毫無勝算，還不如直接放棄。

我看你有點破罐子破摔的自毀傾向。

你才破罐子，你全家都是破罐子。我給自己的定位是貓界花瓶，不信你看我的爪指甲，肯定是所有選手裡最好看的。

等明天比賽開始，其他選手全都面目猙獰地往上爬時，我就會像這樣優雅地繞著樹走貓步，並不經意間秀出一爪喜氣洋洋的美甲。

這樣是不是贏得很出其不意？

挺好，但我有一個疑問，為什麼要去爬樹比賽現場比美？認真磨磨爪練練爬樹不好嗎？

你這胖狗真是越來越尖銳了，我拒絕回答這個問題。

唉，其實是覺得這次贏不了比賽，就算今天努力練了，明天還是一樣輸。說不定別的貓還會在我背後指指點點，說牠都這麼努力了還是沒有成功，我的貓臉該往哪擺。

與其這樣，乾脆不努力。只要我沒努力，我輸了就不算丟人。

沒努力過的事情，
就先別著急下結論

只要你沒努力、輸了就不算丟人？聽起來真是邏輯縝密、結論巧妙、毫無破綻。

但我還是隱隱覺得有些不對。

哪裡不對了，這明明邏輯自洽（self-consistent）、天衣無縫，沒有狗可以反駁我。

坦白講，我如果在爬樹比賽現場看到一隻扭來扭去搔首弄姿的貓，肯定不會覺得「這貓很特別」，而是會覺得牠很奇怪，是不是貓腦殼被門擠了。

然後我就必然會做一些非常主觀的猜測和判斷，比如認為這隻肥貓是過於彆扭又愛面子，很怕輸，偶像包袱很重。

你真是越來越刻薄了。

……

照你這麼說，這波操作不僅不能幫助我在眾貓面前扳回一城，反而還暴露了我更多弱點？

是有點欲蓋彌彰的意思。

話又說回來，你都還沒有努力過，怎麼就認定自己爬不好？

就算真的沒爬好又有什麼關係？只是一次比賽失敗，並不意味著你「貓生」的失敗。

當然，你實在不想爬也沒關係，反正我一直會在你身邊的。

你帶指甲剪了嗎？

人生，盡興

那你現在感覺怎麼樣？

我本來以為如果「努力了也沒做成」一定會覺得很丟臉，並伴隨著深深的自我懷疑。

今天果然沒成功，還在眾貓面前摔了一屁股。可現在的感覺跟預期並不一樣。

我原以為可怕的事情實際上並沒有那麼可怕，當它真的發生，我不僅沒有如想像中一樣感到羞恥和自卑，反而很放鬆。

此話怎麼講？

就是那種卸掉偶像包袱一身輕鬆的釋然。我總算放棄了對完美自我的幻想，可以接受自己是一隻有缺點、有侷限的普通貓了。

而且我今天也體驗到了爬樹本身的快樂，可以專注而單純地享受爬樹的過程，喚起了我作為貓類深埋在基因裡的原始幸福感。

啊，平凡真好，平凡使我快樂。

每天一個心理學罐頭

很多時候我們選擇「破罐子破摔」，其實是害怕承受即將到來的失敗。

害怕承受失敗，本質上是無法放下「完美自我」的幻想，不敢直視不完美的、有缺點的自己，因此自我設限，企圖將失敗歸因於「不努力」這種可控因素，而非能力不足，從而保護自己脆弱的自尊心。習慣了這種行為模式的人，表面上看起來雲淡風輕，內心卻長期感到挫敗。

事實上，人生最快樂的事情之一，便是接納自己的不完美和平凡。因為接納了平凡，才會把自己從必須成功的桎梏中解放出來；因為接納了平凡，才能體會到不問結局、單純享受過程的快樂。

輸了比賽又不意味著輸了人生，全力以赴的失敗也不丟人，來人世間走這一遭，盡興最重要，對吧？

喜歡他就去勾引他！

馬上就到情人節了，都好好努力啊！

約會的本質就是說服某人「我是一個合適的長期戀愛人選」的過程，

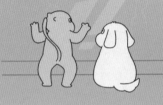

所以該出手就出手，該勾引就勾引。

比如做好形象管理，保持興趣卻又不過於迫切，這種無傷大雅的小手段。

你很有一套嘛。

貓的看家本領罷了。

看那邊那對。選小桌子是個聰明的做法，低頭吃飯時就會不經意拉近距離。

男生每次喝完飲料放杯子時，都會離女生更近一點。

而且女生也沒有移開自己的杯子。

嘿，有戲。

還有那對。我剛剛聞到男生身上的香水味了，不是臭腳丫子和汗味。

狗鼻子真靈……不過讓自己有個好聞的氣味確實是加分項，不對，應該是基本禮儀。

噢噢，你看那個女孩子在整理頭髮了，用無名指和小拇指輕輕地把頭髮撥到了耳朵後面。

這也是信號？

不一定，但目前這個氣氛應該沒錯了，她也對男生有意思……等等，事情的走向不對啊。

男生居然是來告別的？

哦，這酸澀的愛情。

快看，女孩終於忍不住要表白了！等等……「如果你離開我，我會很難過，但沒有關係。」

這是哪門子表白啊？！這不是自我放棄了嗎？！

大方表達自己的感情還是很酷的，而且能把「失去」講得那麼溫柔、直接。

在一起！
在一起！
在一起！

看那桌，男孩剛坐下就承認這裡的氛圍讓他有些緊張。

沒戲了，看下一對吧！還有可以學習借鑑的嗎？

聽到他這麼說，女孩子也放鬆下來了，她剛剛還在打嗝。

很真誠，比那些靠諾諾其談或者喝酒來強裝鎮定的男孩更討人喜歡。

她承認自己緊張的時候喝水就會打嗝，小時候曾經因為害怕考試打了兩天的嗝。

喂喂，連「我睡覺會放悶屁」、「我打遊戲愛罵人」這種話也要說嗎，已經不把自己當外人了？

唔，男孩一開始承認緊張起了關鍵性作用，一個人願意坦露自己真實的一面，身邊人就會被感染，大家就可以一起卸下偽裝交談。

聽起來風險有點高，不是我想學的勾引技巧。

我倒是更希望勾引那些喜歡「真實的我」的對象。

你的意思是，真實也是非常勾引人的特質？

嗯！

每天一個心理學罐頭

勇敢地去表露自我吧。

在與他人交往時，自願地在他人面前將自己內心的感受和訊息真實地表現出來。

向暗戀已久的人表白時，適度地表露自我能夠提高表白成功的可能性。一方面，這可以幫助我們表達真實的自己，更好地抒發愛意；另一方面，私密訊息的交換能促進關係間信任感的形成。

把你的緊張、擔心說給那個人聽，不要糾結這不夠「酷」，不要擔心自己表現得太傻。因為愛情的樣子，本就傻得可愛。

我要過不逃避的人生了

天已經黑了，你準備好發言稿了嗎？

天黑並不意味著時間很晚，畢竟已經入秋了，戶外溫度只有攝氏14度，而且現在才⋯⋯7點。

狡辯。

而且我今天過於忙碌了。

你知道的，我家已經很久沒有打掃過，桌椅板凳表面悄悄鋪滿了很厚的灰塵，大概有0.12毫米這樣厚。

今早正當我打開窗戶，準備開始寫發言稿，一陣風吹進來，塵土糊了我一臉。

收拾塵土實在是個巨大的工程，首先要用濕毛巾擦，擦完表面再去一點點摳角落，我還要特別注意不能一著急就伸爪子，會劃傷桌子。

然後還要用乾毛巾擦，擦完一遍不夠，還要重複兩遍才能徹底清除灰塵……

我聽懂了！

是吧，我真的很忙。

一般人們遲遲不願做某件事時，總會說「我太忙了」。

嗯？

當時間總是被塞得很滿，某件事總需要被迫延後……每次被延後的還碰巧是同一件事，說明你潛意識裡就是在逃避它。

你不尊重我的勞動！我這一天拚了貓命打掃衛生，難道只是為了逃避寫發言稿嗎？！

其實是的，一想到要當著全社區小動物的面上臺發言，我就緊張、焦慮、恐懼，很害怕會出糗，完全寫不出來一個字。

越逃避就越不想寫，累積更多恐懼和焦慮，到現在這件事已經比早上可怕100倍了。

說得好像你做很多事，上臺發言這件事就會來得慢一些似的。

逃避也許能帶來一點安樂，但解決不了問題，反而會讓你依賴這短暫的安樂，甚至相信逃避某種程度上有用。

我總覺得我還沒準備好。總想等自己準備充足了，變厲害了，再去把它寫好。

但你永遠都會覺得自己沒有準備好，逃避和等待並不能改變這一點。

不如先改變改變你那被想像放大和誇張無數倍的恐懼心理。當你第一次正視自己不斷逃避的事，變好的進程才會展開。

行！我現在就做！

你能幫我寫嗎？

不能。

每天一個心理學罐頭

當我們總在用一件又一件雜事去推遲原本該做的事，我們的潛意識可能正在逃避這件事。

逃避雖然能暫時緩解做這件事帶來的消極體驗，但並不能真正消除它們，而且，還會使我們沉迷於逃避帶來的安樂。被擱置的焦慮和恐懼會隨著時間的消逝越積越多，直到將我們完全吞沒。

恐懼是你內心的產物。你可以暫時逃過一件事，卻逃不過你的內心。在下次想要逃避時，不妨讓自己冷靜一下，撕破那層想像的假象，真正地面對它吧。

我這臉皮怎麼這麼薄呢！

真不該讓那隻貓走……但我也實在不習慣麻煩別人。

啊，提出請求實在是件消耗精神能量的事情。

萬一牠幫了忙，我就要苦惱怎麼把這個人情還回去。畢竟人際交往規則之一就是等價交換，讓人白幹這種事情我做不出來。

噴噴，人情社會真是個毫無效率的社會。

以前你幫我我幫你可以拉近關係，但現在大家的自我界線都很清楚，相互麻煩不過是無意義的社交循環。

萬一被拒絕就更尷尬了，我有「被拒創傷」。

鼓起勇氣找牠幫忙，萬一牠拒絕，或者沒有像想像中那麼樂意，而是心不甘情不願地幫我，還是會令我很難受。

所以自己咬咬牙能搞定，還是盡量不去麻煩別人，心理負擔太重了。

但問題又確實超出了我的能力。

再想想，我只是需要牠幫我搬點東西，牠長得那麼胖那麼壯，舉手之勞而已。

呸呸呸，不能這麼想。只有給別人幫忙的人，才有資格說「舉手之勞」，這是個謙辭，用「舉手之勞」來要求別人幫忙是道德綁架。

那你還需要
幫助嗎？

嚇我一跳，你
都聽到了？

一點點，從
「牠長得那麼
胖」開始？

我錯了，現在
再求助未免有
些丟臉。

搬點東西而已，對我這
種胖子來說小事一樁，
有的狗平時看起來什麼
都明白，背後連找人幫
忙都不好意思。

以我的經驗，我更喜歡別人簡單直接跟我提出請求，這樣我也可以簡單直接地選擇同意或者拒絕。

既不顯得粗魯或傲慢，也不優柔寡斷、唯唯諾諾；既不過分侵犯他人界線，也不過分讓渡自己的權利，就節省很多精神能量。

好的大哥，那就麻煩你幫忙了。

好！

　　臉皮太薄，怕麻煩別人，真正讓我們產生心理負擔的，其實是內心無休止的糾結。

　　害怕提出的請求被拒絕，使自己尷尬；又擔心對方是不情願地勉強答應，侵犯了他的界線。如果對方幫了忙，就要苦惱如何讓渡自己的權利「還人情」；如果對方不幫忙，事情自己又似乎實在搞不定。

　　實際上，真正有效的解決辦法就是，簡單直接地提出你的需求，這樣對方也可以簡單直接地拒絕或者接受。把複雜的思緒簡單化，才能節省精神能量去辦事。

不打架的都是表面朋友

拿開你的臭腳！

你才臭腳！

你這隻暴躁的野貓！

還是得約定一下打架的界線！不能打腹部以下！

約定個屁！打架還拖拖拉拉的！我拒絕！

再來！

沒想到打架還挺爽，比小心翼翼照顧別人的情緒爽多了。

是挺爽，但你下腳有點狠。

釋放攻擊性過度了，沒控制好力度。

算了，原諒你，畢竟我也發洩了累積許久的怨氣。俗話怎麼說？爭吵是為了更好地溝通。

是這個道理，爭吵在任何關係中都難以避免。我們兩個平時看似和和氣氣，其實都是表面關係，早就積怨已深。要是憋久了，總會迎來一次無可挽回的爆發。

所以就要時不時地吵一吵。吵完之後，一起改正問題，還能繼續當朋友。

理解到位。

不過，能吵架就盡量別動手，打架是錯誤示範，小朋友們不要模仿。

對，但你真的腳臭。

每天一個心理學罐頭 🥫

別再把「沒關係」、「是我的錯」掛在嘴邊，別再將別人的情緒、感受放在第一位，讓自己白受罪。

心理學用「討好型人格」形容不懂得拒絕別人的傾向。具有討好型人格的人希望自己是別人口中「善良的好人」，他們一味地答應別人的要求，不敢拒絕，甚至透過不停的自我犧牲來滿足對方的期待。

生活本就不易，希望你能不再把別人的責任扛在自己肩上，也希望你能遇到更多允許和鼓勵你拒絕和表達憤怒的朋友。

她不敢幸福的樣子，
真讓人心疼

今天的貓糧會不會不合牠口味？

這個毛球飛出去的弧度好像不夠完美？貓咪會不會不喜歡？

她是誰？

我家鏟屎官的妹妹，最近沒有工作，說一個人太孤獨了，準備養一隻貓。

但又怕養不好，所以搬來我家實習。

養貓還需要實習？

我也納悶，她的態度實在過於嚴肅了。

每天在房間裡規劃養貓大計到凌晨1點，從如何教小貓尿尿，到貓生病了去哪手術最可靠，還要篩選貓窩貓砂貓糧，做了300多頁的ppt。

實在是我「貓生」見過對養貓一事最慎重、規劃最完善的人類。我都想把原配鏟屎官炒掉了。

怎麼辦？
怎麼辦？
怎麼辦？

但我看她並不快樂，甚至有點痛苦。

這也是我感到奇怪的地方，她總覺得自己做得還不夠好。

每天花一兩小時給我弄飯，自己吃15塊錢的外送。給我換貓砂、梳毛非常勤快，還邊梳毛邊哼小曲，但她自己的頭髮可是肉眼可見的亂糟糟，就像她的房間一樣。

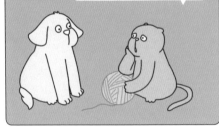

你說她明明可以把我照顧得很好，可以為將要養的小貓考慮得那麼周到，為什麼不能好好照顧一下自己呢？這讓我很擔心。

怪不得，這讓我想到我見過的很多人類，對朋友無微不至，偏偏對自己一點都不好。

朋友稍有一點不開心，他們就會緊張，擔心自己做錯了什麼。但自己不開心的時候，又不敢找朋友求助，怕打擾別人。

相比朋友的需求，自己的需求永遠是不重要的。

確實，很像我家這小女孩。

我總覺得，他們在潛意識裡，會認為自己不值得。

怎麼說呢，比較低自尊，會覺得我有那麼多缺點，什麼都做不好，肯定沒有人愛我。所以一定一定要珍惜那些願意留在我身邊的人和物。

把自己的價值完全交給外界事物來決定，連一隻貓都能否定她的存在。

你這麼說我想起來，每次她情緒崩潰時，我家鏟屎官都會一遍遍地細數她的好，才能慢慢地安撫她。

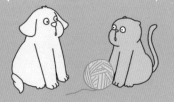

她大概特別特別渴望被需要和被愛吧。所以才會用盡力氣去愛一隻貓，生怕出一點點錯。

可是貓也希望她能照顧好自己的身體。

是啊，這就很讓人心疼，真希望她能多愛自己一點。

你說，怎麼才能讓她明白，她已經做得很好了？經常去蹭蹭她，可不可以？

每天一個心理學罐頭

很多人「不敢讓自己幸福」，恰恰是因為他內心深處極度渴望幸福。但他的人生總是被拒絕和無視，結果變得不敢奢望支援和無條件的愛。

尤其是童年時遭到忽視的孩子，長大後往往不敢，也不會向別人表達自己的親密需要，而且，會時常苛責自己「不夠好、不值得被愛」，形成低自尊。因為渴望，所以壓抑自己、委屈自己以討好別人，由此而來的消極情緒，以及害怕被再次拋棄的感受，又讓他們退縮，長此以往，在「渴望」與「退縮」之間惡性循環。

如果你的身邊有一個人總是在委屈自己、默默地付出，那麼請抱一抱他，摸摸他的頭，真誠地對他說：「你真的很好。」

學會愛上自己的選擇

出來混總是
要還的。

無憂無慮的「貓生」
還是結束了。

最終也難逃一個抉擇。

只是，這對一隻可愛的小貓咪來說過於艱難了。

選你喜歡的如何？

膚淺，這麼重大的事怎麼能靠喜不喜歡就決定？

這可是賭上我整個「貓生」形象和前途的大事。

「貓生」往往是一步錯步步錯。

你明白我的意思嗎？做錯這個決定，很可能直接影響別人對我的身分和價值判斷。

所以你想選一個正確的，而不是自己喜歡的。

但是否正確，又無法在當下做出判斷。

精準，你抓住了矛盾所在。

那不如隨便選一個……

開玩笑，我是那種隨便的貓嗎？

要不然你先憑喜好選一個？

不要有壓力，「喜歡」，會讓一個選擇成為正確選擇的可能性增大。

重要的是做完選擇後，讓自己愛上自己的選擇。

這倒是個全新的思路。

那我試試……

就決定是你了！要這個黃的！

每天一個心理學罐頭

　　太想做出「正確」的選擇，會導致「選擇困難」。

　　然而「正確」的標準是始終無法判斷的：黃色的樹林裡有兩條路，任意一條的好壞都是未知，即使做出了選擇，「未選擇的路」也會不斷提醒著我們，原先的選擇也許是錯的呢？

　　所以，用「喜歡」代替「正確」來做選擇吧。你的喜歡，會讓這個選擇成為正確選擇的可能性增加。學會愛上自己的選擇，或許才是最好的選擇。

後記

　　我非常慶幸能在生命中遇到心理學。心理學的思維就像一門藝術，帶給人另一種看世界的方式，全然不同又「本該如此」，讓人著迷、清醒、自洽。

　　貓狗漫畫從第一篇更新到現在有三年多了，起初我們沒想到它會持續這麼久，也不知道它能給這個世界帶來什麼，直到我們從不同管道收到讀者的來信和回饋，幾乎每一則、每一篇都讓人熱淚盈眶。那是我們一開始難以想像的溫柔肯定，是一種奇妙的連結感。

　　我們開心地意識到，這個世界的某一面，就是這樣美好到奇妙。

　　只要你存在，總會有人在意想不到的地方被你影響；只要你在做，總會有人為你加油；只要你善良，總會有人被你帶動。

　　因為他人的影響或自己內心的懷疑，我們會時不時地感到不堅定。希望這本書能幫助老朋友、新朋友，勇敢面對生活！

亓毛毛（插畫師）

2021 年 8 月

人生顧問 460

躺平，是我的權利：貓和狗的療心話

作者	簡單心理
責任編輯	沈敬家
校對	劉素芬
封面設計	江麗姿
內頁排版	江麗姿

總編輯	龔橞甄
董事長	趙政岷
出版者	時報文化出版企業股份有限公司
	108019 臺北市和平西路三段二四〇號四樓
	發行專線　02-2306-6842
	讀者服務專線　0800-231-705．
	02-2304-7103
	讀者服務傳真　02-2304-6858
	郵撥 19344724　時報文化出版公司
	信箱 10899　臺北華江橋郵局第 99 信箱
時報悅讀網	www.readingtimes.com.tw
法律顧問	理律法律事務所陳長文律師、李念祖律師
印刷	華展印刷股份有限公司
初版一刷	2022 年 9 月 30 日
定價	420 元

本作品中文繁體版通過成都天鳶文化傳播有限公司代理，經上海浦睿文化傳播有限公司授予任時報文化出版企業股份有限公司獨家出版發行，非經書面同意，不得以任何形式，任意重製轉載。

躺平，是我的權利：貓和狗的療心話 / 簡單心理著 . -- 初版 . -- 臺北市：時報文化出版企業股份有限公司, 2022.09
面；　公分 -- (人生顧問 460)

ISBN　978-626-335-875-1（平裝）
1.CST: 自我實現　2.CST: 人生哲學
3.CST: 生活指導

177.2　　　　　　　　　111013480

ISBN978-626-335-875-1
Printed in Taiwan